Thomas Erne
Transzendenz im Plural

Thomas Erne

Transszendenz im Plural

Schleiermacher und die Kunst der Moderne

(Schleiermacher-Lecture, Berlin 2019)

DE GRUYTER

Gefördert von der Udo Keller Stiftung Forum Humanum und der Schleiermacherschen Stiftung und in Zusammenarbeit mit der Internationalen Schleiermacher-Gesellschaft e. V.

ISBN 978-3-11-074598-6
e-ISBN (PDF) 978-3-11-074612-9
e-ISBN (EPUB) 978-3-11-074617-4

Library of Congress Control Number: 2021950461

Bibliografische Information der Deutschen Nationalbibliothek
Die Deutsche Nationalbibliothek verzeichnet diese Publikation in der Deutschen Nationalbibliografie; detaillierte bibliografische Daten sind im Internet über http://dnb.dnb.de abrufbar.

© 2022 Walter de Gruyter GmbH, Berlin/Boston
Umschlagabbildung: © Albrecht Döhnert
Druck und Bindung: CPI books GmbH, Leck

www.degruyter.com

Die Schleiermacher-Lectures

Die Spiegelung in einer Glasscheibe schafft – wie auf dem Cover dieses Buches erkennbar – räumliche Tiefe und bildliche Fläche zugleich. Die bildliche Fläche lässt Schleiermachers Büste im Foyer der Theologischen Fakultät der Humboldt-Universität zu Berlin erkennen. In der räumlichen Tiefe eröffnet sich gleichzeitig ein Blick in das Berlin der Gegenwart – mit seinen Institutionen und Dynamiken, den Traditionen und Transformationen. Simultan und spannungsvoll spiegeln sich in der Glasscheibe Geschichte und Gegenwart, Dynamik und Stabilität. Indem die Scheibe Durchsicht auf Reales gewährt und das, was gesehen wird, sogleich transformiert, generiert sie beides – ein in sich mehrperspektivisches Bild und zudem mehrere Bilder, die unabhängig voneinander betrachtet werden können. Diese Bilder verweisen aufeinander, ohne dass es nur den einen Verweiszusammenhang gibt. So ist die Scheibe ein Medium der Durchsicht, der Durchlässigkeit und des Spiegelns, eine Form der Transparenz und des Transparent-Machens.

Im Cover des Buches spiegelt sich die Idee der Schleiermacher-Lectures, die im Jahr 2019 an der Theologischen Fakultät der Humboldt-Universität zu Berlin eingerichtet wurden. Es ist das ausdrückliche Anliegen der Schleiermacher-Lectures, einmal jährlich, im Umfeld von Schleiermachers Geburtstag (21. November 1768), ausgewählte Aspekte seines Werkes mit gegenwärtigen Fragen und Problemkonstellationen ins Gespräch zu bringen. Sie möchten Geschichte und Gegenwart, Überlieferung und Erfahrung, Tradition und Dynamik der Moderne wechselseitig spiegeln und Verweiszusammenhänge sichtbar werden lassen.

Das bedeutet: Die Schleiermacher-Lectures möchten nicht ausschließlich einen Beitrag zu einer historisch-philologischen Schleiermacherexegese liefern noch das Gegenwärtige ausschließlich empirisch-phänomenologisch beschreiben. Vielmehr zielen sie auf Spiegelungen, Durchsichtigkeit, Durchlässigkeit, Transparenz und Transparent-Machen. So soll der Beitrag Schleiermachers für gegenwärtige religions- und soziokulturelle Diskurse ausgelotet werden. Dass es einen solchen Beitrag gibt, davon gehen wir aus. Die Lecture-Reihe versteht sich als Impuls, Schleiermacher für gegenwärtige Fragen und Themen weiterzudenken. Sie wird daher immer von einem halbtägigen Workshop mit Studierenden der Theologischen Fakultät flankiert.

Für eine religionskulturell orientierte Praktische Theologie ist Schleiermachers Werk von bleibender Bedeutung. In Auseinandersetzung mit seinen Gedanken und Analysen kann die Praktische Theologie sozio-kulturelle, religiöse und auch kirchliche Veränderungsprozesse wie Herausforderungen diskutieren, deren historische Verflechtungen freilegen und im Blick auf die Gegenwart Relevantes von Nebensächlichem trennen. Dass diese Auseinandersetzung mit dem Werk Schleiermachers und der eigenen Gegenwart nur im engen Austausch mit anderen theologischen und sozial- wie kulturwissenschaftlichen Disziplinen sinnvoll ist, liegt auf der Hand.

Die Idee zur Einrichtung dieser Lecturer-Series hätte ohne mannigfaltige Unterstützung nicht realisiert und in diesem Band materialisiert werden können. Mein erster und sehr besonderer Dank gilt hierbei der Udo-Keller-Stiftung Forum Humanum (Neversdorf). Herr Dr. Cai Werntgen hat die ersten Überlegungen mit freundlichem Wohlwollen unterstützt sowie die Umsetzung großzügig und stets interessiert begleitet. Frau Alexandra Fricke war und ist uns bei der Organisation eine verlässliche Ansprechpartnerin. Herr Wolfgang Kasprzik hat mit seinen herausragenden Schleiermacher-Kenntnissen dieses Projekt zu jeder Zeit sehr anregend und hilfreich beraten. Ohne diese ideelle und finanzielle Unterstützung wären die Schleiermacher-Lectures nicht möglich. Auch die Drucklegung wird durch einen maßgeblichen Druckkostenzuschuss gefördert.

Die Schleiermacher-Gesellschaft und der Schleiermacher-Stiftung, insbesondere Prof. Dr. Jörg Dierken (Halle) und Prof. Dr. Arnulf von Scheliha (Münster) sowie Frau Dr. Sarah Schmidt (Berlin), haben sich für diese Idee gewinnen lassen und diese freundlich unterstützt. Das Geleitwort, das Sarah Schmidt für die Schleiermacher-Gesellschaft zu diesem Band verfasst hat, macht diese Verbindung aufs Schönste sichtbar.

Die Berliner Theologische Fakultät hat die Einrichtung dieser Lectures freudig begrüßt, insbesondere der damalige Dekan der Fakultät und jetzige Präsident der Berlin-Brandenburgischen Akademie der Wissenschaften, Prof. Dr. Dr. h.c. mult. Christoph Markschies.

Dass Prof. Dr. Thomas Erne (Marburg) spontan bereit war, die erste Lecture zu übernehmen und dem geplanten Programm Gestalt zu geben, war und ist mir, auch persönlich, eine große Freude. Spiegelungen, Durchsicht, Durchlässigkeit, Transparenz und Transparentmachen – der Vortrag von Thomas Erne am 27. November 2019 hat allen Hörern und Hörerinnen diese Erfahrung ermöglicht. Es war ein Fest!

Die Redaktion des Bandes hat mit großer Sorgfalt und Geduld Pfr.i.E. Oliver Wegscheider, Landeskirchlicher Wissenschaftlicher Mitarbeiter am Lehrstuhl für Praktische Theologie mit Schwerpunkt Homiletik/Liturgik und Kybernetik übernommen. Frau Hanna Miethner, wissenschaftliche Mitarbeiterin am gleichen Lehrstuhl, hat sich mit Unbestechlichkeit den finalen Korrekturen gewidmet.

Herr Dr. Albrecht Döhnert vom Verlag De Gruyter hat die Drucklegung der ersten Schleiermacher-Lecture energisch, mit hohem persönlichem Interesse und professionell vorangetrieben. In allen auftretenden Fragen war er ein wertvoller und anregender Ratgeber. Die Idee, das Programm der Schleiermacher-Lectures bereits im Cover zu spiegeln, hat er entwickelt und realisiert.

Allen Genannten – und etlichen Ungenannten – sage ich meinen herzlichen Dank.

Nun freuen wir uns, dieses neue Format der Öffentlichkeit zu präsentieren und sind gespannt auf die Fortsetzung der Schleiermacher-Lectures und auf weitere Erfahrungen der Durchsicht, Durchlässigkeit und Transparenz.

Ruth Conrad

Vorwort

Das Spektrum an Disziplinen, zu denen Schleiermacher während seines Lebens nicht nur las, lehrte und forschte, sondern auch ideengeschichtlich Meilensteine markierte, ist beeindruckend breit. Schleiermacher aus diesem Grund als einen Universalgelehrten zu bezeichnen, wie Leibniz einer war, wäre jedoch verfehlt. Zum einen wirkte er nur auf einer Seite der zwei von ihm so genannten „Realwissenschaften" Physik und Ethik, die für Schleiermacher das Spektrum aller möglichen Wissenschaften systematisch abdecken. Jenseits der Geisteswissenschaften verstand sich der Hobbymineraloge, der sich zwei Jahre vor seinem Tod noch den Traum einer Norwegenreise erfüllte,[1] als Schüler, der darauf bestand, in den Mineralogie-Vorlesungen seines Kollegen Karsten seine Hörer-Gebühren zu bezahlen: „[U]nd da ich nun gewiß ein fleißiger Schüler bis jetzt gewesen bin und ferner sein werde so bitte ich, daß Sie mich nun auch als ordentlichen Zuhörer und nicht nur als einen Gast betrachten wollen."[2]

Zum anderen war Schleiermacher von der Idee, dass ein Mensch allein denkend die Welt erfassen könne, weit entfernt. In einer Zeit zunehmender wissenschaftlicher und gesellschaftlicher Ausdifferenzierung, vor deren negativen Folgen Schleiermacher in seinem frühen Fragment *Versuch einer Theorie des geselligen Betragens* von 1799 eindringlich warnt, sind nicht einzelne herausragende Wissenschaftsgenies die Lösung, um ein Ganzes zu entwerfen, sondern das Bewusstsein für die Gemeinschaftlichkeit und den Prozesscharakter aller Wissensproduktion, in die sich nicht nur jeder einbringen kann, sondern im imperativischen Sinne auch *soll*.

Dementsprechend formuliert Schleiermacher in seinen 1811 in Berlin begonnenen Dialektik-Vorlesungen als zentrale Voraussetzungen gemeinschaftlicher Wissensproduktion die Einsicht in den grundsätzlich vorläufigen Charakter alles realen Wissens und die Bereitschaft, sich auf ein (Streit-)Gespräch einzulassen. Damit dies auch deutlich vor Augen steht, in welcher Fakultät auch immer er seine Studien beginnt, fordert Schleiermacher bereits 1808 in seiner universitätspolitischen Programmschrift *Gelegentliche Gedanken über*

---

[1] Den Verlauf dieser Reise kann man – wie viele andere Reisen Schleiermachers – in den zum Teil minutiösen Einträgen seiner Tageskalender nachlesen, die von Elisabeth Blumrich für *schleiermacher-digital* ediert werden. URL: https://schleiermacher-digital.de/tageskalender/index.xql, zuletzt abgerufen am 12. Juli 2021.
[2] F.D.E. Schleiermacher an Dietrich Ludwig Gustav Karsten, „Berlin, 27.12.1808". In Ders., *Briefwechsel 1808 (Briefe 2598–3020)*, Kritische Gesamtausgabe V/10, hg. v. Simon Gerber und Sarah Schmidt (Berlin: De Gruyter, 2015), 516, Br.3014.

Universitäten in deutschem Sinn für jeden Studenten zu Beginn seiner Studien eine wissenschaftstheoretische Grundausbildung, die die Prozesshaftigkeit des Wissens thematisiert.

Die Wissensproduktion ist jedoch keine isolierte Tätigkeit, sondern eingebettet in den umfassenden Prozess sittlicher Weltbildung: Der Mensch denkt, handelt, fühlt, schafft Kunst und besitzt die Fähigkeit, zu glauben. Und nur im Ensemble dieser unterschiedlichen Tätigkeiten ist der Mensch Mensch und kann die Vernunft in ihrer ganzen Fülle realisieren. Gemeinschaftlichkeit des Wissens ist daher nur ein Moment einer umfassenderen wechselseitigen Bildung aller menschlichen Tätigkeiten hin zu einer Universalität des Geistes. Diese Forderung nach einer progressiven Universalität, die alle Erscheinungen des Lebens erfasst und in der sich diese Erscheinungen wechselseitig herausfordern, miteinander ringen und durcheinander modifizieren, ist Schleiermachers frühromantisches Erbe, das auch seine späteren Systementwürfe ganz durchdringt.

Vor diesem Hintergrund ist es nicht verwunderlich, dass sich Schleiermacher immer wieder mit besonderem Interesse dem spezifischen Verhältnis einzelner vernünftiger Tätigkeiten zugewendet hat. Und es liegt auf der Hand, dass sich sein systematischer Entwurf immer auch den Fragen nach dem Verhältnis einzelner Systemteile zueinander stellen und er sich in ihrer kritischen Reflexion bewähren muss. Eine der interessantesten Scharnierstellen seines Systems, die Schleiermacher seit den Reden *Über die Religion* (1799) über seine 1819 begonnenen Vorlesungen zur Ästhetik bis hin zur liturgischen Praxis mit besonderer Aufmerksamkeit durchdachte, ist das Verhältnis von Kunst und Religion. Trotz der großen Popularität, die einzelne Aussagen Schleiermachers in der Schleiermacher-Forschung finden – wie der legendäre Satz der *Reden*, Kunst und Religion seien „wie zwei befreundete Seelen"[3] – kann ihr Verhältnis noch nicht als ausgedeutet gelten.[4]

Thomas Erne wendet sich in seiner *Schleiermacher-Lecture* diesem wichtigen systematischen Scharnierelement zu und reflektiert mit Schleiermacher über Schleiermacher hinaus das Verhältnis von Kunst und Religion unter den Vorzeichen moderner Kunst, die ihre Emanzipation von der Religion vollzogen

---

3 F.D.E. Schleiermacher, „Ueber die Religion. Reden an die Gebildeten unter ihren Verächtern". In Ders., *Schriften aus der Berliner Zeit 1769–1799*, Kritische Gesamtausgabe I/2, hg. v. Günter Meckenstock (Berlin [u.a.]: de Gruyter, 1984), 185–326, 263.
4 Eine wichtige Grundlage für zukünftige Auseinandersetzungen wird sicherlich die gerade erst erschienene, von Holden Kelm auf der Grundlage der Vorarbeiten von Wolfgang Virmond besorgte historisch-kritische Edition der Ästhetik-Vorlesungen darstellen (KGA II/14).

hat. Verdienstvoll und sehr zu begrüßen ist es, dass Erne nicht die mittlerweile schon hundert Jahre alte klassische Moderne ins Visier nimmt, sondern in exemplarischen Schlaglichtern tatsächlich unsere aktuelle künstlerische Gegenwart befragt.

Der Prozess künstlerischer Grenzüberschreitung und Selbstermächtigung, der auf der Schwelle zum 20. Jahrhundert in der klassischen Moderne zum ersten Mal seine ganze Sprengkraft entfaltet, beginnt sich jedoch schon um 1900 abzuzeichnen, und dies, so Thomas Erne, habe der musikaffine Schleiermacher in der Instrumentalmusik seines Zeitgenossen Ludwig van Beethoven durchaus erkannt. Für die Malerei legt Heinrich von Kleist mit seiner viel zitierten, 1810 in seinen *Berliner Abendblättern* veröffentlichten Besprechung von Caspar David Friedrichs Gemälde *Mönch am Meer* ein legendäres Zeugnis ab.[5] Das Bild wurde erstmals auf der Berliner Akademieausstellung von 1810 gezeigt und sogar vom preußischen König Friedrich Wilhelm III. erworben. Für die Zeitgenossen stellte diese beinahe in abstrakten Farbfeldern aufgehende Landschaftsmalerei eine Provokation dar und erfuhr dementsprechend eine sehr ambivalente Rezeption. Es ist, so formuliert Kleist, diese neue ästhetische Erfahrung in einem schmerzhaften Bild, „als ob Einem die Augenlieder weggeschnitten wären".[6]

In der exemplarischen Auseinandersetzung mit drei plastischen Kunstwerken fragt Erne vor allem nach der Transzendenzerfahrung in der Gegenwartskunst, in der die Kunstwerke vom Sinnhorizont der Religion entkoppelt selbst zu „autonomen Sinndomänen" und zu einer je eigenen „Aktualisierungsform der Erfahrung der Selbsttranszendenz" werden. Und er fragt ebenso nach der Funktion einer gegenwärtigen Kunst für die Religion der Gegenwart, deren Dienstbarkeit als Darstellungsmittel für religiöse Programme nicht mehr ihre zentrale Funktion sein kann.

Für die Notwendigkeit einer Aktualisierung von Schleiermachers Denken liefert Schleiermacher selbst die besten Argumente. Denn die Forderung nach progressiver Universalität umfasst auch den Dialog der Generationen und ist historisch zu verstehen. Wie das gehen kann, hat Schleiermacher in Auseinandersetzung mit „den Alten" – wie er antike Positionen oft lapidar aufrief – selbst immer wieder vorgemacht.

Schleiermacher trägt viel Modernisierungspotential in sich, das es noch zu heben gilt. Mit seiner *Schleiermacher-Lecture* gelingt es Thomas Erne, Schleiermachers Werk nicht nur ideengeschichtlich zu verorten und systematisch zu

---

[5] Heinrich von Kleist, „Empfindungen vor Friedrichs Seelandschaft". In *Berliner Abendblätter, 12tes Blatt, den 13ten October 1810* (Berlin: Cotta; Reprint, Wiesbaden: VMA Verlag, 1980), 47f.
[6] A.a.O., 47.

durchdringen, sondern auf eine freie und frische Weise auch weiterzudenken und für die Problemkonstellationen unserer Gegenwart fruchtbar zu machen. Letzteres geschieht leider noch viel zu selten und versetzt die Leserinnen und Leser in freudige Erwartung auf weitere Vorlesungen in dieser Reihe.

Für den Vorstand der Schleiermacher-Gesellschaft
Sarah Schmidt

Inhalt

Ruth Conrad
Die Schleiermacher-Lectures —— V

Sarah Schmidt
Vorwort —— IX

1   Begeisterung fürs Ganze – Schleiermacher liest Ästhetik (1819) —— 1

2   Die religiöse Tendenz in der Kunst – Schleiermacher hört Mendelssohn-Bartholdy —— 6
2.1   Musikalisches Glaubensbekenntnis —— 6
2.2   Die religiöse Tendenz in der Musik —— 8
2.3   Autonomie der Musik —— 10

3   Transzendenz im Plural – die Autonomie der Kunst und ihre Folgen —— 12
3.1   Ästhetische Erfahrung der Transzendenz —— 12
3.2   Gattung und Art —— 14
3.3   Konstellationen von Kunst und Religion —— 16

4   Drei gute Gründe für die Kirche, sich mit der Kunst in der Moderne zu beschäftigen —— 26
4.1   Tradition —— 26
4.2   Kreativität —— 27
4.3   Innovation —— 29

Abbildungsverzeichnis —— 31

Literaturverzeichnis —— 33

1 Begeisterung fürs Ganze – Schleiermacher liest Ästhetik (1819)

Im Jahr 1819, also vor genau 200 Jahren, hält Friedrich Schleiermacher an der neugegründeten Berliner Universität zum ersten Mal eine Vorlesung über Ästhetik.[1] Enzyklopädisch ist er gut vorbereitet. Er hat bereits über Hermeneutik (1809/10), Dialektik (1811), Ethik (1812/13), Pädagogik (1813/14) und Psychologie (1818) gelesen.[2] Auch hinsichtlich der Bekanntschaft mit Künstlern ist Schleiermacher gut gerüstet. Er ist nicht nur befreundet mit Friedrich und August Schlegel, zwei prominenten Vertretern der Frühromantik. Er kennt auch Karl Friedrich Schinkel, der Berlin zum ‚Athen an der Spree' umbaut, besucht 1810 Caspar David Friedrich in seinem Dresdener Atelier und geht im Haus des musikalischen Wunderkindes Felix Mendelssohn-Bartholdy ein und aus.[3] Gleichwohl finden sich in den Nachschriften seines Ästhetik-Kollegs kaum Hinweise auf konkrete Kunstwerke, auch nicht auf die seiner Zeitgenossen, die er persönlich kannte. Das Personenregister in der von Thomas Lehnerer herausgegebenen Ausgabe nennt als Maler Caravaggio, Dürer und Rafael. Im Text werden allerdings nur die Namen erwähnt, aber keine Werke. Musiker führt das Personenregister überhaupt nicht auf. Nicht zuletzt deshalb sind Schleiermachers konkrete Kunstkenntnisse bis heute umstritten.[4]

Dieser Mangel an Kunstwerken in einer Theorie der Kunst erklärt sich aus Schleiermachers Ansatz. Seine Ästhetik ist nicht in erster Linie eine Werkästhetik wie die Hegels. Sie ist auch keine Rezeptionsästhetik wie Kants *Kritik der Urteilskraft*, die die Beurteilung der Kunst durch den Betrachter zum Zentrum der Kunsttheorie macht. Schleiermachers innovativer Ansatz hat es vielmehr

---

1 Er wiederholt sie 1825 und 1832/33, vgl. F.D.E. Schleiermacher, *Ästhetik (1819/25). Über den Begriff der Kunst (1831/32)*, hg. v. Thomas Lehnerer, Philosophische Bibliothek 365 (Hamburg: Meiner, 1984), Einleitung, XIV–XVII. Vgl. jetzt auch F.D.E. Schleiermacher, *Vorlesungen über die Ästhetik*, hg. v. Holden Kelm. Kritische Gesamtausgabe F.D.E. Schleiermacher II/14 (Berlin/Boston: De Gruyter, 2021).
2 Vgl. F.D.E. Schleiermacher, *Ästhetik (1819/25). Über den Begriff der Kunst (1831/32)*, XIV.
3 Zu Schleiermachers Kunstkenntnissen vgl. Holden Kelm, „Einleitung". In F.D.E. Schleiermacher, *Ästhetik (1832/33). Über den Begriff der Kunst (1831-33)*, hg. v. Holden Kelm., Philosophische Bibliothek 696 (Hamburg: Meiner, 2018), VIII–IX.
4 Vgl. Werner Busch, *Caspar David Friedrich – Ästhetik und Religion* (München: Beck, 2003), 162: „Obwohl er [sc. Schleiermacher] jahrelang unter Reimers Dach wohnte, wo nach 1820 die größte Sammlung von Friedrichs Bildern zusammengetragen wurde, [...] hören wir von Schleiermacher kein Wort zu diesem Schatz. Er konnte offenbar mit Bildern direkt nichts anfangen [...]."

mit dem „Erzeugen und Gebären"[5] von Kunst zu tun. Es ist eine Theorie des schöpferischen Leistens, die von einer Kreativität in uns allen ausgeht, „dem gemeinsamen Triebe, auch die flüchtigste innere Lebensbewegung an etwas äußerem festzuhalten".[6] Dieses Bedürfnis, sich zu äußern, ohne das wir überhaupt nicht wüssten, wer wir sind, setzt allerdings einen Widerstand voraus, der allererst eine „innere Lebensbewegung"[7] anstößt. Etwas, ein äußerer Anlass, muss uns begeistern, um unser schöpferisches Leisten in Gang zu setzen, etwas in der Welt muss unsere Aufmerksamkeit erregen, unser Gefühl ansprechen, uns affizieren, anziehen oder auch abstoßen. Auf diese allgemeine und alltägliche, aber kunstlose Kreativität in uns allen baut Schleiermacher nun die Kunst und ihre verschiedenen Kunstformen auf.

Was Schleiermacher mit seiner Theorie künstlerischer Produktivität im Blick gehabt haben mag, sind Szenen wie die bei der Uraufführung des *Elias* in der Town Hall in Birmingham am 26. August 1846.[8] Als Mendelssohn das Dirigentenpult erreicht, „the forms of etiquette were unanimously laid aside, and one loud and universal cheer acknowledged the presence of the greatest composer of the age."[9] Der Schlusschor des *Elias* mit der Textzeile: „Alsdann wird euer Licht hervorbrechen wie die Morgenröte"[10] ertrank regelrecht in einem Beifallssturm „as though enthusiasm, long checked, had suddenly burst its bonds, and filled the air with shouts of exultation."[11]

---

5 F.D.E. Schleiermacher, *Ästhetik (1819/25). Über den Begriff der Kunst (1831/32)*, 156.
6 A.a.O., 168.
7 Ebd.
8 Zu den folgenden Ausführungen vgl. Thomas Erne, „200 Jahre Felix Mendelssohn Bartholdy – ein protestantischer Glücksfall?", *International Journal for Practical Theology* 14.1 (2011): 86–101.
9 R. Larry Todd, *Mendelssohn. A Life in Music* (Oxford: Oxford University Press, 2003), 528 [The Times, 27. August 1846, 6].
10 Felix Mendelssohn-Bartholdy, *Elias, Op. 70* (Bonn: Simrock, o. J. [1847]), / https://www.mendelssohn-archiv.de/index.php/bibliothek/mwv-a/a-025; zuletzt abgerufen am 5. August 2021.
11 R. Larry Todd, *Mendelssohn. A Life in Music*, 528.

Begeisterung fürs Ganze – Schleiermacher liest Ästhetik (1819) — 3

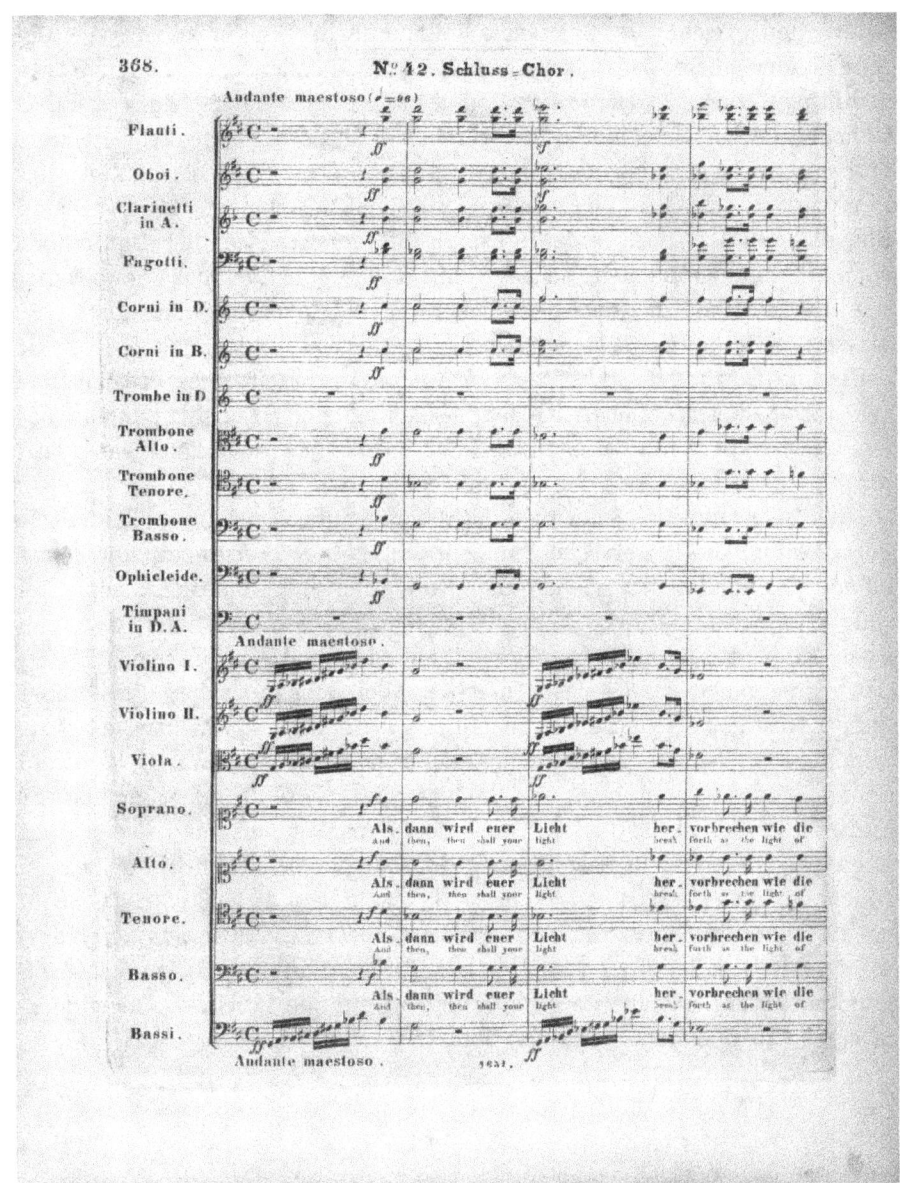

Abb. 1: Schlusschor aus dem *Elias* (Erstausgabe N. Simrock, Bonn [1847], S. 368), Archiv Mendelssohn-Haus Leipzig

Für Schleiermacher ist es kein Zufall, wenn sich dieses Maximum an Begeisterung an einem religiösen Stoff entzündet und dort wiederum das Maximum bei den Worten erreicht wird, welche die Vollendung der Welt im kommenden Gottesreich, dem höchsten Gut, anzeigen. Denn das künstlerische Schaffen muss in den Kunstwerken, in denen es ein Inneres im Äußeren darstellt, die jeweiligen ästhetischen Einzelereignisse überschreiten auf ein Ganzes, einen Gesamteindruck, wenn das Werk zu einem gemeinsamen Besitz aller werden soll, so wie in Birmingham. Das ist Schleiermachers strukturelles Argument für eine religiöse Dimension in der Kunst. In der Kunst wird die schöpferische Begeisterung, die mehr oder minder in jedem Menschen anzutreffen ist, durch das Formbewusstsein des Künstlers zu einem öffentlichen, allen gemeinsamen Ausdruck einer inneren Erregung, der seinerseits dazu geeignet ist, wieder schöpferische Begeisterung freizusetzen. Ein Werk zu einem die Begeisterung entfachenden gemeinsamen Besitz aller zu machen, das gelingt einem Künstler dann am besten, wenn er diese intrinsische Beziehung zur Religion auch an einem explizit religiösen Stoff entwickelt, wie etwa in Mendelssohns *Elias*

Wie sehr Schleiermacher mit seinen Überlegungen, wie die schöpferische Begeisterung, die die entscheidende Grundlage der Kunstproduktion bildet, öffentlich kommuniziert werden kann, auch den politischen Nerv seiner Zeit trifft, arbeitet Andreas Arndt heraus. Schleiermacher, so Arndt, greift den religiösen Gehalt der Französischen Revolution auf, ihren Enthusiasmus für das Ganze, die universalen Menschenrechte. Aber Schleiermacher transformiert diesen Ausgriff aufs Ganze und macht aus dem gesellschaftlichen Kampf um grundlegende Rechte eine Quelle der religiös-ästhetischen Bildung. Der revolutionäre Weg der Menschheit zur Freiheit führt bei Schleiermacher über die Kunst, über Schinkels Baukunst, Mendelssohns Tonkunst und Capar David Friedrichs Bildkunst zu einem neuen Gesamtleben, das sich in der Religion vollendet. So deutet Andreas Arndt das Bild „Mittelalterliche Stadt", das Schinkel 1815 malt, nachdem Napoleon in der Schlacht von Waterloo geschlagen wurde. Das Volk kehrt heim von den Barrikaden und findet die Freiheit, die in Frankreich die politische Revolution herbeiführte, im Innern der Religion, in dem noch unvollendeten gotischen Dom.[12]

---

12 Vgl. Andreas Arndt, *Die Reformation der Revolution. Friedrich Schleiermacher in seiner Zeit* (Berlin: Matthes & Seitz, 2019), 7.

Abb. 2: Karl Friedrich Schinkel, „Mittelalterliche Stadt am Fluss", 1815, 95 x 140 cm, Alte Nationalgalerie der staatlichen Museen zu Berlin – Preußischer Kulturbesitz

Trotzdem kommt Schleiermachers Kunsttheorie bereits bei ihm selbst an ihre Grenzen. Im nächsten Schritt (2.) will ich daher zeigen, wie Schleiermacher, der in seiner Ästhetik-Vorlesung von einer religiösen Tendenz in aller Kunst ausgeht, in der Musik Ludwig van Beethovens der Autonomie des musikalischen Klangs begegnet, diese Autonomie der Kunst aber nicht mehr für eine grundlegende Revision seiner Kunsttheorie nutzen kann. Mein dritter Abschnitt (3.) fragt, welche Konsequenzen die Ausdifferenzierung von autonomen Sinndomänen für das Verhältnis der christlichen Religion zur modernen Kunst hat. Eine Konsequenz ist, dass die Religion, anders als bei Schleiermacher, nicht mehr notwendig ist für die Kunst. Gleichwohl gibt es gute Gründe für religiöse Menschen, aber auch für die Kirche, sich intensiv mit der Kunst der Moderne zu beschäftigen. Drei solche guten Gründe nenne ich Ihnen zum Schluss (4.).

2 Die religiöse Tendenz in der Kunst – Schleiermacher hört Mendelssohn-Bartholdy

2.1 Musikalisches Glaubensbekenntnis

Felix Mendelssohn-Bartholdy wird mit sieben Jahren 1816 in Berlin evangelisch getauft. Sein Protestantismus gehört in die Geschichte der Assimilation des jüdischen Bürgertums im Preußen des 19. Jahrhunderts. Um den Preis der Konversion erhofft sich das jüdische Bürgertum gesellschaftliche Anerkennung. Aber das Verhältnis von Felix Mendelssohn-Bartholdy zum evangelischen Glauben geht in dieser Assimilationsgeschichte nicht auf. Das zeigen seine frühen Choralkantaten.[13] Sie sind sein „musikalisches Glaubensbekenntnis".[14] In diesen Kantaten äußert sich ein junger, selbstbewusster Protestant an der Schwelle zum Erwachsensein, der ein eigenständiges Verhältnis zur evangelischen Religion unterhält, ohne seine jüdischen Wurzeln zu verleugnen.[15] Kirchenmusik ist für Mendelssohn keine Werkgattung. Kirchenmusik steht für eine religiöse Tendenz seines Gesamtwerks. Choralzitate und Choralhaftes sind „charakteristisch für Mendelssohns Komponieren" und ziehen „sich durch sein gesamtes Schaffen".[16] Er flicht sie auch „in reine Instrumentaltatsachen",[17] etwa in das Finale des Klaviertrios in c-moll op. 66. Dort erscheint (Takt 128) im Klavier im Pianissimo und in der Form eines vierstimmigen Choralsatzes das dritte Thema. Es ist der Anfang des Chorals „Gelobet seist du, Jesus Christ, daß du

---

13 Die Werkgruppe „Wer nur den lieben Gott lässt walten", „Jesu meine Freude", „O Haupt voll Blut und Wunden", „Christe du Lamm Gottes", „Wir glauben all an einen Gott", „Vom Himmel hoch, da komm ich her" und „Ach Gott vom Himmel sieh darein" hat Mendelssohn selbst nicht veröffentlicht. Sie liegt erst seit 1962 im Druck vor und wird seitdem in ihrer Bedeutung für Mendelssohns Gesamtwerk diskutiert, vgl. zu Überlieferung und Rezeption der Werkgruppe Ulrich Wüster, *Felix Mendelssohn Bartholdys Choralkantaten – Gestalt und Idee. Versuch einer historisch-kritischen Interpretation*, Bonner Schriften zur Musikwissenschaft 1 (Frankfurt am Main [u.a.]: Lang, 1996), 15–24.
14 A.a.O., 29.
15 Vgl. ebd.
16 Armin Koch, *Choräle und Choralhaftes im Werk von Felix Mendelssohn-Bartholdy*, Abhandlungen zur Musikgeschichte 12 (Göttingen: Vandenhoeck & Ruprecht, 2003), 200. Koch besteht zwar darauf, dass das Choralhafte in Mendelssohns Instrumentalmusik „allein auf musikalische Aspekte zurückzuführen" sei, schließt aber „biographische Impulse nicht aus. Der stark emotionale, bisweilen pathetische Charakter macht das vielmehr eher wahrscheinlich." (205).
17 Martin Geck, *Felix Mendelssohn Bartholdy*, Rowohlts Monographien 709 (Reinbek bei Hamburg: Rowohlt, 2009), 82.

Mensch geboren bist", der erst von der Violine und dann von der Viola umspielt wird, mit dem koboldhaften Kopfthema. Das Choral-Zitat, das allen Zuhörern zur Zeit Mendelssohns bekannt gewesen sein dürfte, unterbricht die reine Spielfreude des Schlusssatzes mit einer religiös gestimmten Innigkeit.[18]

Abb. 3: Klaviertrio Nr. 2, c-Moll Op. 66/2. In Felix Mendelssohn-Bartholdy, *Trios. Opus 49 und 66* (Leipzig: Peters, 1887), 67; https://imslp.org/wiki/File:PMLP41447-mendel_trio2kl.pdf.

---

[18] Klaviertrio Nr. 2, c-moll op. 66/2. In Felix Mendelssohn-Bartholdy, *Trios. Opus 49 und 66* (Leipzig: Peters, 1887), 67; online: https://imslp.org/wiki/File:PMLP41447-mendel_trio2kl.pdf; zuletzt abgerufen am 5. August 2021.

Offenbar war Mendelssohn, wie Schleiermacher, der Meinung, dass auch reine „Instrumentaltatsachen"[19] nach einem erkennbaren Anschluss an die Religion verlangen, um sich ihrer immanent-religiösen Struktur bewusst zu werden.[20]

2.2 Die religiöse Tendenz in der Musik

Den öffentlichen Beweis für die religiöse Tendenz der Kunst[21] tritt Mendelssohn am 11. März 1829 an. Eduard Devrient, Mendelssohns Freund, wirkt an diesem Tag als Sänger an der denkwürdigen Wiederaufführung der Matthäuspassion von Johann Sebastian Bach mit. Er spürt, dass „andächtige Schauer, die mich bei den eindringlichsten Stellen durchrieseln, auch durch die todtenstillen Zuhörer wehten".[22] Der Schwester Fanny erscheint „der überfüllte Saal [...] wie eine Kirche, die tiefste Stille, die feierlichste Andacht herrschte in der Versammlung".[23] Das ist kein Zufall, denn die Aufführung der Passionsmusik ist bereits ein Gottesdienst, wie Gustav Droysen, der Hauslehrer von Felix und spätere Professor für Geschichte, im Blick auf die Berliner Aufführung der Matthäuspassion notiert. Sie ist „sich [sc. in der Religion] selber erkennende[...] [sc. musikalische] Andacht".[24]

Mendelssohn kannte Schleiermacher persönlich. Julius Schubring, der Hauslehrer der Kinder Schleiermachers, war mit Felix Mendelssohn befreundet.[25] In einem Brief von 1830 an Schubring gibt sich Mendelssohn als Anhänger

---

19 Martin Geck, *Felix Mendelssohn Bartholdy*, 82.
20 Vgl. Gunter Scholtz, *Schleiermachers Musikphilosophie* (Göttingen: Vandenhoeck & Ruprecht, 1981), 88.
21 Bei Anne Käfer, *„Die wahre Ausübung der Kunst ist religiös". Schleiermachers Ästhetik im Kontext der zeitgenössischen Entwürfe Kants, Schillers und Friedrich Schlegels*, Beiträge zur historischen Theologie 136 (Tübingen: Mohr Siebeck, 2006), ist der Grund für die starke These, dass bei Schleiermacher die „wahre Ausübung der Kunst [...] *religiös*" sei (212; Hervorh. im Orig.), der Umstand, dass nur „die Religion den Schein des autonomen Subjekts durchbricht und die irreduzible Rezeptivität des Lebens zur Erfahrung bringt" (4). Anne Käfer zitiert hier Wolfgang Schoberth, „Art. Ästhetik II. Theologisch". In *RGG*[4], Bd. 1 (1998), 853f., 854.
22 Eduard Devrient, *Meine Erinnerungen an Felix Mendelssohn-Bartholdy und Seine Briefe an mich*, Bd. 10, Dramatische und Dramaturgische Schriften von Eduard Devrient (Leipzig: Weber, 1869), 67.
23 Fanny an Carl Klingemann, „Berlin 22.03.1829". In Sebastian Hensel, *Die Familie Mendelssohn*, Bd. 1, *Die Familie Mendelssohn 1729–1847. Nach Briefen und Tagebüchern von Sebastian Hensel*, hg. v. Friedrich Brandes (Leipzig: Hesse & Becker, 1929), 197.
24 Gustav Droysen im *Berliner Conversationsblatt* 1829 im Blick auf die Aufführung der Matthäuspassion, zitiert bei Wüster, *Felix Mendelssohn Bartholdys Choralkantaten*, 48.
25 Vgl. Armin Koch, *Choräle und Choralhaftes im Werk von Felix Mendelssohn-Bartholdy*, 148.

der Theologie Schleiermachers zu erkennen.[26] Das hat durchaus sachliche Gründe. Mendelssohn ist ein klangvoller Beleg für Schleiermachers musikreligiöse Grundthese, „daß nur in der unmittelbaren Beziehung auf das Höchste, auf die Religion, und eine bestimmte Gestalt derselben, die Musik ohne an ein einzelnes Factum geknüpft zu werden, doch Gegebenes genug hat, um verständlich zu sein."[27] Schleiermacher nennt die Beziehung der Musik auf das Höchste, auf die Religion, ihre „*symbolische Würde*".[28] Diese Würde besteht darin, dass die Musik ein Ganzes ausdrückt, das aber nur an den einzelnen musikalischen Vorkommnissen in Erscheinung treten kann. Kunst kann die religiöse Stimmung „nur durch ein bestimmtes Medium" wiedergeben und muss daher „immer an der sinnlichen Seite festhalten".[29] Andererseits kann der Ausgriff auf das Ganze in der Kunst nur gelingen, wenn sie nicht nur an der sinnlichen Seite festhält. Zur symbolischen Würde der Kunst gehört daher, dass in ihr das einzelne sinnliche Ereignis festgehalten und vernichtet wird, damit das Ganze in Erscheinung treten kann. Diese interne Struktur der Kunst – die unhintergehbare Bindung an ein sinnliches Medium einerseits und dessen spielerische Vernichtung zugunsten eines Ausgriffs auf eine Gesamtstimmung andererseits – deutet Schleiermacher als den intrinsischen Bezug der Kunst auf Religion: Die Beziehung eines Werkes in der Totalität seiner sinnlichen Erscheinungen zu seiner Gesamtstimmung ist seine religiöse Dimension. Und dieser Ausgriff auf das Ganze findet bei Mendelssohn seinen sprechenden Ausdruck in der geistlichen Signatur seines gesamten Œuvres, also nicht nur seiner Kantaten und Oratorien.

Nun macht nicht alle Musik diesen Ausgriff aufs Ganze mit. Die leichte, unbeschwerte Musik, beispielsweise Mendelssohns Ouvertüre zu Shakespeares Sommernachtstraum, folgt in erster Linie ihrem Spieltrieb. Sie hält den Zuhörer in den partikularen musikalischen Eindrücken gefangen und lässt ihn umgekehrt den Bezug auf das Ganze vergessen. Schleiermacher nennt das den geselligen Stil[30] und überlagert nun beide Stilformen. Das ist sein konstruktiver Ge-

---

26 Vgl. R. Larry Todd, *Mendelssohn. A Life in Music*, 197.
27 F.D.E. Schleiermacher, „Die Weihnachtsfeier 1806". In *Kleine Schriften und Predigten 1800–1820*, Bd. 1, *Kleine Schriften und Predigten*, hg. v. Hayo Gerdes (Berlin: Walter de Gruyter, 1970), 223–273, 246.
28 F.D.E. Schleiermacher, *Ästhetik (1819/25). Über den Begriff der Kunst (1831/32)*, 24 (Hervorh. im Orig.).
29 Ebd.
30 Vgl. a.a.O., 22; 76–81. Zum Stil in Schleiermachers Ästhetik vgl. Thomas Lehnerer, *Die Kunsttheorie Friedrich Schleiermachers*, Deutscher Idealismus 13 (Stuttgart: Klett-Cotta, 1987), 348–362.

niestreich. Der religiöse Stil steht mit dem geselligen Stil in einem funktionalen Verhältnis. Im Blick auf die religiöse Stimmung sorgt der gesellige Stil für die Freiheit der Kunst. Denn Musik, die ihre Freiheit verlöre, könnte auch kein Symbol des religiös Unendlichen sein. Sie würde zum Kunsthandwerk, das einem praktischen Interesse der Religion an bestimmten Wirkungen dient: „Eine solche [Kunst] aber, die nur die religiöse Seite entwickelt, würden wir nicht für eine freie halten, sondern glauben, dass eine praktische Tendenz [sc. in der Religion] [...] sich einer übrig gebliebenen Kunstgeschicklichkeit bediene."[31] Und umgekehrt: Im Blick auf das Spiel mit Äußerlichkeiten sorgt die symbolische Würde, der Bezug auf eine Gesamtstimmung, dafür, dass das musikalische Spiel nicht ein zufälliges Erzeugnis sei, „bald so bald anders sich gestaltend, verschwindend und wieder zurückkehrend, ohne daß dies mit irgend etwas wesentlichem in der menschlichen Entwikklung zusammenhange."[32] Die Formel, die Schleiermacher für diese Verschränkung von Religion und Kunst prägt, lautet: „Die Kunst beweist daher ihre Freiheit durch die spielende und losere Seite, und ihre innere Nothwendigkeit durch die symbolische und höhere."[33]

2.3 Autonomie der Musik

In der Akademierede *Über den Begriff der Kunst* von 1831/32 setzt Schleiermacher allerdings einen anderen Akzent.[34] Hier geht er von der „selbstständig auftretende[n] Kunst"[35] aus, die sich nicht „in der Einheit der göttlichen Kunst" auflösen lässt, mit der Gott als Schöpfer die Welt in ihrer Gesamtheit als ein umfassendes Kunstwerk schafft. Jetzt sieht Schleiermacher den höchsten Triumph der Musik darin, dass sie, wie in den Symphonien Beethovens, „der Sprache ganz Lebewohl sagt und alle Lebensschauer, welche die Seele durchziehen können, verkörpert in dieser unendlich abwechselnden Fülle von Tonfolgen und Zusammenhängen."[36] Erst im Spiegel der Töne, diesseits der Worte, lernt der Mensch seine innersten Regungen kennen. Es ist dieser Unsagbarkeitstopos, der im Entwurf einer Theorie der reinen Instrumentalmusik bei Wilhelm Hein-

---

31 F.D.E. Schleiermacher, *Ästhetik (1819/25). Über den Begriff der Kunst (1831/32)*, 24.
32 A.a.O., 167.
33 A.a.O., 24f.
34 Vgl. Gunter Scholtz, *Schleiermachers Musikphilosophie*, 139: „Zugleich aber akzentuiert er [sc. Schleiermacher] nun scharf [...], daß nicht der geistige Gehalt der Stimmung, sondern nur die Form, in der sie zur Kunst wird, den ästhetischen Wert ausmache".
35 F.D.E. Schleiermacher, *Ästhetik (1819/25). Über den Begriff der Kunst (1831/32)*, 159.
36 A.a.O., 179.

rich Wackenroder und Ludwig Tieck eine zentrale Rolle spielt und die wortfreie, reine Musik zu einem allen anderen Darstellungsformen überlegenen Ausdrucksmedium macht.[37]

Die für Mendelssohns gesamtes Werk zentrale Figur einer intrinsischen Verwurzelung der Musik in einer religiösen Unendlichkeit beginnt jedenfalls mit Beethoven ihre Überzeugungskraft zu verlieren. Mendelssohn als klingendes Beispiel für Schleiermachers These von der tiefen Verwurzelung der Kunst in der Religion – dafür gibt es in der Moderne, in der sich der Gedanke einer Autonomie des musikalischen Klanges[38] durchsetzt und die christliche Religion ihre gesellschaftliche Verbindlichkeit verliert, keinen Platz mehr, außer in Nischen, etwa der erneuerten evangelischen Kirchenmusik bei Komponisten wie Hugo Distler, Ernst Pepping und Helmut Bornefeld.

Was sich stattdessen in der modernen Kultur abzeichnet, ist eine „hochgradige Differenzierung von sinnstiftenden Domänen in der menschlichen Lebenswelt".[39] Das hat zur Folge, dass an der Stelle einer linearen Hierarchie ein multilineares Feld entsteht, und an die Stelle einer asymmetrischen Wechselseitigkeit von Religion und Kunst[40] eine symmetrische Wechselseitigkeit tritt: „Kunst, und mit ihr die Religion, [nimmt] nur einen Ort und eine Funktion neben anderen ein[...]. Hier ist eher von Koordination und nicht von einer Hierarchie von Domänen der Sinnstiftung auszugehen."[41] Was lässt sich nun unter diesen Bedingungen über das Verhältnis von Religion und Kunst sagen?

---

37 Vgl. Jürgen Stolzenberg, „Philosophie als ‚größte Musik' und Musik als höchste Philosophie? Zu Tragweite und Grenze einer Analogie". In *Religion. Geist. Musik. Theologisch-kulturwissenschaftliche Grenzübergänge*, hg. v. Hans Martin Dober und Frank Thomas Brinkmann, pop.religion: lebensstil – kultur – theologie (Wiesbaden: Springer VS, 2019), 41–58, 53.
38 Vgl. Gunnar Hindrichs, *Die Autonomie des Klangs. Eine Philosophie der Musik*, suhrkamp wissenschaft 2087 (Berlin: Suhrkamp, 2014).
39 Jürgen Stolzenberg, „Philosophie als ‚größte Musik' und Musik als höchste Philosophie?", 56.
40 Vgl. Dietrich Korsch, „Die Religion in der Musik und die Musik in der Religion". In *Religion. Geist. Musik. Theologisch-kulturwissenschaftliche Grenzübergänge*, hg. v. Hans Martin Dober und Frank Thomas Brinkmann, pop.religion: lebensstil – kultur – theologie (Wiesbaden: Springer VS, 2019), 25–40, 33.
41 Jürgen Stolzenberg, „Philosophie als ‚größte Musik' und Musik als höchste Philosophie", 56.

3 Transzendenz im Plural – die Autonomie der Kunst und ihre Folgen

3.1 Ästhetische Erfahrung der Transzendenz

„Charmingly haunting", charmantes Gruseln, so der Kommentar der jungen Dame, die die Installationen von Cathy Wilkes[42] im englischen Pavillon auf der Biennale des Jahres 2019 bewacht. Durch eingefärbte Oberlichter fällt warmes orangefarbenes Licht auf das weiß lasierte Parkett, das aussieht, als habe die nordirische Künstlerin den Boden mit Mehl bestreut. Kindsgroße Figuren stehen

Abb. 4: Cathy Wilkes, Britischer Pavillon der 58. Biennale, 2019, Venedig, Foto: Thomas Erne

---

42 Cathy Wilkes, geboren 1966 in Belfast, lebt und arbeitet in Glasgow. Sie ist vor allem für ihre großformatigen Installationen bekannt, für die sie sich das Neuarrangieren, Verändern und Wiederherstellen der Objekte zur Aufgabe macht. Auch in ihren Malereien spiegelt sich dieser Prozess wider, da sie diese über einen langen Zeitraum immer wieder überarbeitet. 2005 vertrat sie Schottland auf der 51. Biennale und 2019 Großbritannien auf der 58. Biennale in Venedig.

https://doi.org/10.1515/9783110746129-005

da, ohne Arme, die Augen nur durch Punkte angedeutet, die Bäuche rund, wie von Hunger gebläht, an einem Tisch, der nichts trägt, vor allem nichts Essbares, nur vertrocknete Blumen und leere Seiten. Weitgehend leer sind auch die Räume, so, als sei nach der Haushaltsauflösung der verstorbenen Eltern noch irgendwelcher Kram übriggeblieben, den niemand mehr gebrauchen konnte. Das Wenige, das zu sehen ist, entwickelt eine unheimliche Kraft, gerade so, als seien in den Dingen, die zu nichts mehr zu gebrauchen sind, am deutlichsten die Spuren des vergangenen Lebens eingeschrieben. Das löst ein leises Grauen aus, eine ambivalente Atmosphäre von Charme und Schauer. Erst auf den zweiten Blick entdeckt der Betrachter in dem mit durchsichtigem Tuch bespannten Tisch die beiden fein mit Gold eingewobenen Kreuze. Sie verbinden die Realität des Abwesenden mit den im Raum anwesenden Dingen und Figuren. Diese Deutung gibt die Künstlerin im Begleitheft. Das Verbindende nennt sie im Anschluss an das Johannesevangelium „Logos" und übersetzt den schwierigen Begriff mit Mediation, Vermittlung. Der Geist verbindet alles, was ist und was war, "God and 'all that isn't God'".[43]

Abb. 5: Laure Prouvost, *"Deep See Blue Surrounding You"* – Französischer Pavillon der 58. Biennale, 2019, Venedig, Foto: Yonka Werner

---

[43] Cathy Wilkes, *British Council Commission for the 58th Biennale*, Venezia 2019, ohne Seitenangabe.

Auf der gegenüberliegenden Seite, im französischen Pavillon, untermalt Laure Prouvost[44] ihre Videoarbeit mit dem weichen Singsang einer Sirene. Sie lockt die Zuschauer in die Traumwelten des Unterbewussten, in die *Deep Blue Sea*, ein Strom an Bildern, der aus den Tiefenschichten des kollektiven Bewusstseins aufzutauchen scheint. Jeder Versuch, einen narrativen Faden durch diese Flut der Bilder zu schießen, wird von Laure Prouvost systematisch durch harte Schnitte unterbunden, welche die Bilder aus ihrem Sinnzusammenhang herauslösen, sie fluide machen, wie Treibgut in einem unablässigen Strom. Lässt man sich auf dieses Strömen ein, betört durch Laures Sirenenstimme und die Magie der rätselhaften Sujets, dann entsteht das Gefühl einer lustvollen Entgrenzung. Man beginnt selber zu schweben, zu treiben, in spielerischer Leichtigkeit.

3.2 Gattung und Art

Kontemplation und Ekstase – zwei ästhetische Strategien, die unterschiedlicher nicht sein können. Was aber beide Arbeiten verbindet – Cathy Wilkes minimalistische Evokation des Abwesenden und Laure Prouvosts maximale Bilderflut – sind Erfahrungen der Daseinsweitung, die die Besucher in ihren Grundfesten erschüttern sollen. Es sind ästhetische Erfahrungen einer Überschreitung der gewohnten Seh- und Denkgewohnheiten, die den Betrachter tief berühren, leise und intensiv bei Wilkes, verstörend und wuchtig bei Prouvost.

Nicht alle künstlerischen Positionen der Gegenwartskunst sind explizit an einer Entgrenzung der Betrachter interessiert; und die wenigsten verbinden diese Intention mit einer Referenz an das Neue Testament wie Cathy Wilkes. Aber es kommt im Jahr 2019 auf der Biennale in Venedig eine erstaunliche Liste an Künstlern und Künstlerinnen zusammen, die unterschiedliche Strategien der ästhetischen Daseinsweitung verfolgen: Edmund de Waals, der Geschichten des Exils sammelt; James Lee Bryers, der im Dunkel seines eigenen Todes eine goldene Innenseite entdeckt; Shilpa Gupta, die einen Chor aus den Stimmen ver-

---

44 Laure Prouvost, geboren 1978 in Lille, studierte in London, wo sie auch heute noch lebt und als Multimedia- und Videokünstlerin arbeitet. 2013 erhielt sie den renommierten Turner Prize für die Videoinstallation *Wantee*. In ihren Arbeiten verbindet sie Alltagsobjekte, Keramiken und Glasarbeiten zu traumartigen, teilweise surrealen Landschaften, die sich mit ihren Videoarbeiten zu einem Arrangement verbinden, welches die Betrachter in die Werke integriert. Fiktion und Geschichte(n), Humor und Ironie, Traum und Erinnerung sind wiederkehrende und in ihren Arbeiten sowohl verhandelte wie verwischte Themen. Vgl. Homepage: https://www.laureprouvost.com/; zuletzt abgerufen am 5. August 2021.

folgter Dichter komponiert; das wuchtige Flüchtlingswrack, die „Barca Nostra", das Christoph Büchel im Arsenale auf die Pier direkt neben die Boote der Küstenwache, der Guardia Costiera, stellt; Pauline Boudry und Renate Lorenz, die im Swiss Pavillon mit den Besuchern den subversiven Widerstand einüben, wie man im konservativen Backlash, der Europa zur Festung zu machen droht, den kurdischen Freiheitskämpferinnen gleich, in umgedrehten Schuhen in die entgegengesetzte Richtung geht.

Was besagen diese Impressionen von der Biennale 2019 für die Frage nach dem Verhältnis von Kunst und Religion in der Moderne? Lassen Sie mich eine großformatige These wagen: Es gibt in der Moderne *Transzendenz im Plural. Das ist das Neue, das Schleiermacher im Aufkommen der reinen Instrumentalmusik bei Beethoven antizipiert, aber nicht konzeptionell ausarbeitet.* Die Kunst repräsentiert in der Moderne eine autonome Artikulationsform der Erfahrung von Selbsttranszendenz. Die Instrumentalmusik Beethovens ist dafür besonders instruktiv.[45] Sie drückt als Musik selbst ein Ganzes aus, in dem die einzelnen musikalischen Vorkommnisse aufgehoben sind. Sie ist als Musik und als autonomer Klang ein ästhetischer Ausdruck des Unendlichen und so eine ästhetische Artikulation der Selbsttranszendenz des Hörers,[46] der, vom einzelnen musikalischen Ereignis ausgehend, einen Gesamteindruck erlebt, eine Anschauung des Universums, die sein partikulares Dasein in einem Ganzen aufhebt. Selbsttranszendenz meint genau diese Erfahrung, die von einzelnen Gegenständen der Erfahrung ausgehend, das Selbst, das im Zentrum dieser Erfahrungen steht, verwandelt. Es ist eine Transzendenz, die das Selbst betrifft, eine Weitung des endlichen Daseins in ein umfassendes Ganzes hinein, die dieses Selbst selbst nicht bewirken kann.

Auch die Religion ist eine umfassende und eigenständige Art und Weise, diese Erfahrungen der Selbsttranszendenz zu artikulieren. Schleiermacher kann die religiöse Erhebung über das Endliche sowohl kreativitätstheoretisch formulieren, dann ist es die Erfahrung einer irreduziblen Rezeptivität, eines Abhängigkeitsgefühls, das sich am Ort des schöpferischen Leistens einstellt, als auch werkästhetisch als religiöse Dimension der sinnlichen Totalität der Komposition.

Diese Erfahrung der Selbsttranszendenz verbindet die Religion mit der Kunst. Luther in Stotternheim und Caravaggios Amor, die Begegnung mit dem Heiligen oder mit dem Eros gehören gewissermaßen zur selben Gattung von

---

45 Vgl. Gunter Scholtz, *Schleiermachers Musikphilosophie*, 140.
46 Vgl. Hans Joas, *Braucht der Mensch Religion? Über Erfahrungen der Selbsttranszendenz*, Herder Spektrum 5459 (Freiburg: Herder, 2004).

Erfahrung, einer Verwandlung des eigenen Selbst durch eine überwältigende Macht, aber sie artikulieren sie auf verschiedene Art. Die Kunst sucht das Ganze in der Fülle der Erscheinungen. Die Religion dagegen will auch noch dieses ästhetische Verweilen auf einen transzendenten Grund, auf Gott hin, überschreiten.[47] Beide befriedigen das vitale Bedürfnis der Menschen nach Überschreitung und Weitung ihres Daseins im Blick auf eine umfassende Ganzheit, aber sie tun es auf unterschiedliche Weise, ästhetisch die Kunst, religiös die Kirche.

3.3 Konstellationen von Kunst und Religion

Was folgt aus dieser Differenzierung von autonomen Sinndomänen? Das Verhältnis von Kunst und Religion entwickelt sich nicht mehr linear, etwa von der religiösen Dienstbarkeit der Kunst im Mittelalter über ihre Emanzipation in der Neuzeit bis in die Gegenwart, in der Kunst wieder zur Beute wird, nun nicht mehr der Kirche, sondern des Marktes.[48] Als eigenständige holistische Ausdrucksformen der Selbsttranszendenz entwickeln sich Kunst und Religion in einem multilinearen Feld, einem Netzwerk, in dem sich Anziehung und Abstoßung, Kooperation und Abgrenzung überlagern. Ich nenne diese Mischungsverhältnisse *hybride Formen der Selbsttranszendenz* und möchte Ihnen drei idealtypische Konstellationen von Kunst und Religion in diesem hybriden Beziehungsfeld vorstellen: Kooperation, Differenz und Indifferenz.

---

[47] Religion als zweite „Transzendenz der (ersten) Transzendenz (der Kunst)" – so lautet die These des Frankfurter Philosophen Martin Seel, „Transzendenzen der Kunst". In *Der religiöse Charme der Kunst*, hg. v. Thomas Erne und Peter Schüz (Paderborn [u.a.]: Schöningh, 2012), 34–51.

[48] So die These von Wolfgang Ullrich, *Siegerkunst. Neuer Adel, teure Lust* (Berlin: Klaus Wagenbach, 2016).

3.3.1 Kooperation: Sean Scully

Auf der Isola San Giorgio in Venedig, die in der großen Bucht, dem bacino, gegenüber vom Markusplatz liegt, steht die Benediktinerabtei mit ihrer Basilika San Girogio Maggiore. Andrea Palladio hat 1610 die Fassade von San Girogio und Il Redentore, der zweiten von ihm gebauten Kirche, so konzipiert, dass die Kirchenfassaden als Blickachsen das Blickfeld begrenzen, das sich dem Betrachter auftut, der vom Markusplatz über die Weite der großen Bucht schaut.

Abb. 6: Sean Scully, *"Opulent Ascension"*, Filz auf Holz, 10,4 x3,6 m, 2019, San Giorgio Maggiore, Venedig, Foto: Thomas Erne

Sein Blick soll sich nicht in dem Spiel der Wellen und der Weite des Wassers verlieren, sondern von beiden Kirchen gefasst und geordnet werden. Vor allem San Girogio ist auch im Inneren eine staunenswerte Synthese aus konstruktiven Details und harmonischem Ganzen. In diesem idealtypischen Bauwerk der Renaissance verbindet sich das kosmologische Denken der Antike mit der christlichen Sehnsucht nach Transzendenz. Die Benediktiner laden zu jeder Biennale einen Gastkünstler nach San Girogio ein. Im Jahr 2019 ist es der irisch-amerikanische Künstler Sean Scully.[49] Scully errichtet in der Basilika eine Jakobsleiter, die Himmel und Erde verbindet. Es ist ein Turm unter der Vierungskuppel aus farbigen, aufeinanderliegenden Quadraten, der mich – man kann nichts für seine Assoziationen – an Ritter-Sport Werbung erinnert.

Abb. 7: Sean Scully, Innenansicht *"Opulent Ascension"*, Filz auf Holz, 10,4 x 3,6 m, 2019, San Giorgio Maggiore, Venedig, Foto: Thomas Erne

---

49 Sean Scully wurde 1945 in Dublin geboren. 1949 zog die Familie nach London. Er studierte am Croydon College of Art in London, an der Newcastle University und an der Harvard University in Cambridge, Mass., 1975 übersiedelte er in die USA. Unter anderem lehrte er an der Princeton University und an der Akademie der Bildenden Künste München und lebt u.a. in New York und Barcelona. Seit 2016 unterhält er ein Studio in Berlin. Die Kombination von geometrischer Grundstruktur des Bildaufbaus und emotionaler, gestischer Ausarbeitung ist ein Kennzeichen der Malerei Scullys. Die Struktur seiner Bilder verdankt sich paralleler, unterschiedlich langer, horizontaler oder vertikaler Streifen. Indem mehrere Farbschichten übereinandergelegt werden, entsteht eine durchscheinende, in ihren Nuancen changierende Farbigkeit in vornehmlich warmen, pastosen Farben, die den Pinselduktus mitsprechen lassen.

Im Inneren dieser Jakobsleiter geht der Blick nach oben und man sieht in die kreisrunde Laterne der Kuppel. Die Scheinwerfer über der Skulptur werfen als Schatten vier Dreiecke in den quadratischen Turm, so dass sich in der hellen Lichtzone ein neues Quadrat bildet, quer zum Grundriss des Turms. Scullys Skulptur fügt sich kongenial in die durchkomponierte Geometrie des Raumes, die Andrea Palladio in San Giorgio als Ausdruck einer Harmonie, die Himmel und Erde umfasst, in Szene setzt.

Scully macht aber auch den Unterschied deutlich, der ihn von Palladio trennt. Die sinnliche Vitalität der Farben ist ein Markenzeichen Scullys, das unterstreicht, dass die kosmologische Ordnung, die Palladios Architektur zugrunde liegt, in der Moderne keine objektive Ordnung mehr darstellt, die Himmel und Erde verbindet. Daher muss der Künstler als Einzelner eine Ahnung artikulieren, wie heute eine solche Ordnung aussehen könnte, die das empirische Weltwissen und die spirituellen Intuitionen der Menschheit integriert.

Abb. 8: Sean Scully, *"HUMAN"* – Eingang zur Installation, hinten: *"Opulent Ascension"*, Filz auf Holz, 10,4 x 3,6 m, 2019, San Giorgio Maggiore, Venedig, Foto: Thomas Erne

Scully begreift seine Kunst als ein solches kosmologisches Experiment. Über dem Eingang von San Giorgio steht „Human": Ein Mensch versucht mit den Mitteln der Kunst eine unbegreifbare Wirklichkeit zu ergreifen – „there might be an order or structure in the world that we are incapable of capturing", schreibt Scully in sein Skizzenbuch, das während der Ausstellung in der Sakristei von San Girogio einzusehen war. Und das fühlt sich offenbar so an, als ob er einen lebendigen Vogel in der Hand hielte, „to hold as one might hold a living bird." Man darf nicht zu fest zupacken, sonst ist der Vogel tot. Folgerichtig liegen auf dem großen Notenpult, das die Schola der Benediktiner im prachtvollen Chorgestühl für ihre Gesänge nutzt, keine Noten, sondern ein Blatt mit einer farbigen Skizze der Jakobsleiter.

Abb. 9: Sean Scully, *"Illuminated Manuscript"*, Tusche, Bleistift und Aquarellfarbe auf Papier, eingebunden in Pergament (offen), ca. 60,3 x 83,8 cm, 2018-2019, Teil der Installation *"HUMAN"* (2019), San Giorgio Maggiore, Venedig, Foto: Thomas Erne

Weder die Liturgie noch die Predigt, sondern Scullys Skulptur stellt in San Giorgio eine Verbindung zwischen Himmel und Erde her. Denn Benediktiner gibt es im Kloster auf der Isola San Giorgio keine mehr. Die gregorianischen Gesänge, denen die *harmonia mundi*, die Weltharmonie von Physik und Musik zugrunde liegt, kommen derweilen aus Lautsprechern vom Band.

Die Kooperation von Kunst und Kirche in San Giorgos beruht nicht auf Relikten[50] der christlichen Bildwelt, die kluge Bildtheologen in der Kunst der Moderne aufspüren, um sie dann für eine zeitgenössische Artikulation der christlichen Religion in Anspruch zu nehmen. Da ist bei Scully bis auf ein kunterbuntes Bild seiner Frau mit Sohn am Strand der Insel Eleuthera auf den Bahamas, von dem er behauptet, es handele sich um ein Madonnenbild, überhaupt nichts zu holen. Die Kooperation besteht vielmehr darin, dass Scully mit ästhetischen Mitteln die Ahnung einer umfassenden Ordnung evoziert, welche die christliche Theologie unter den Bedingungen der modernen Naturwissenschaft begrifflich kaum noch plausibel machen kann. Man kann vielleicht von einem spirituellen Vorgriff der Kunst aufs Ganze reden,[51] von dem die Kirche in ihrer liturgischen Praxis lernen kann und muss. Man hätte ja wirklich Lust, an diesem Ort und mit diesem Kunstwerk einen Gottesdienst zu feiern.

3.3.2 Differenz – Arnulf Rainer, Gerhard Richter, Benjamin Zuber

Arnulf Rainer, der im Jahr 2004 immerhin für sein Gesamtwerk mit einem theologischen Ehrendoktor der katholischen Fakultät in Münster ausgezeichnet wurde,[52] antwortet im Gespräch mit Johannes Röhrig auf die Frage, warum er immer wieder auf das Kreuz als gestalterisches Mittel zurückgreife, mit einer Provokation: „Mir fällt bei Beginn eines Bildes meist nichts ein, nichts Aufdringliches, sofort Notwendiges. Aus Verlegenheit, als Einstieg greife ich dann anfangs zu diesen Bildzeichen."[53] Gerhard Richter lässt die Komposition der Farb-

---

50 Vgl. Johannes Rauchenberger, „Relikte, (auf-)geladen. Zum christlichen Erbe christlicher Bildwelten heute", *kunst und kirche* 2 (2015): 4–10.
51 Vgl. Joachim Ritter, „Landschaft. Zur Funktion des Ästhetischen in der Gesellschaft (1962)". In *Subjektivität*, hg. v. dems., Bibliothek Suhrkamp 379 (Frankfurt: Suhrkamp, 1974), 141–163, 163.
52 Vgl. Reinhard Hoeps (Hg.), *Religion aus Malerei? Kunst der Gegenwart als theologische Aufgabe*, IKON. Bild+Theologie (Paderborn [u.a.]: Schöningh, 2005).
53 Friedhelm Mennekes und Johannes Röhrig, *Crucifixus. Das Kreuz in der Kunst unserer Zeit* (Freiburg: Herder, 1994), 114.

felder in seinem umstrittenen Fenster im Kölner Dom von einem Zufallsgenerator erledigen.

Abb. 10: Benjamin Zuber, Filmstill aus *"THERE AM I IN THE MIDST OF THEM"*, Video, 25 min, 2019, © VG Bild-Kunst, Bonn, 2021

Und das Video, das der junge Künstler Benjamin Zuber[54] 2017 im Rahmen eines Liturgy Specific Art Gottesdienstes drehte,[55] löste bei seiner Uraufführung in der Universitätskirche in Marburg tiefe Irritationen aus. Vor allem die Szenen, in denen Zuber auf dem Altar Liegestützen macht oder im Taufbecken sitzt und

---

54 Benjamin Zuber, geboren 1982 in Bamberg, studierte in Wien, Nürnberg und Karlsruhe. Derzeit lebt und arbeitet er in Berlin. In seinen konzeptuellen und humorvollen Arbeiten beschäftigt Zuber sich mit subtilen Kontextverschiebungen. Er gestaltet seine Kunst oft medienübergreifend mit Installationen und Videos. Einen Fokus legt er dabei auf das Austarieren von Kippmomenten, etwa zwischen Komik und Tragik, Pathos und Melancholie, Inszenierung und Authentizität. In den letzten Jahren wurde Zuber vermehrt mit Preisen ausgezeichnet; darunter mit dem ersten Platz auf dem „Bideodromo International Experimental Film and Video Festival" in Bilbao (2015), dem Innovationspreis der Stadt Fürth (2016) und dem Bayrischen Staatspreis des Ministeriums für Wissenschaft und Künste (2018). Vgl. Homepage: http://www.benjaminzuber.com/; zuletzt abgerufen am 5. August 2021.
55 Die Gottesdienst Reihe Liturgy Specific Art (LSA) ist dokumentiert auf der Webseite: http://liturgyspecific.art/; zuletzt abgerufen am 5. August 2021. Der Gottesdienst mit Benjamin Zuber ist zu finden unter: http://kirchbauinstitut.de/liturgy-specific-art-benjamin-zuber-2017/; zuletzt abgerufen am 5. August 2021.

trinkt, empfand die Gemeinde als Provokation. Dabei betonte der Künstler im Gespräch mit der Gemeinde, dass es ihm nicht um Provokation geht, sondern um Kunst. Doch genau dies, dass der Künstler streng der Logik der Kunst folgt, wenn er religiöse Motive aufgreift oder liturgische Orte inszeniert, führte zu Irritationen bei den religiösen Akteuren. Solche Distanzierungen rühren an Empfindlichkeiten, auf beiden Seiten. Aber es sind in der Regel keine Provokationen um ihrer selbst willen. Sie haben einen sachlichen Grund. Während in den Kooperationen von Kunst und Kirche das gemeinsame Thema zum Tragen kommt, arbeitet die Distanz die Fremdheit heraus, eine „puzzling otherness",[56] die Kunst und Kirche voneinander trennt, weil und sofern es verschiedene Arten sind, wie das Bedürfnis nach Weitung des Daseins artikuliert werden kann.

Eigenlogik der Kunst
Martin Heidegger bringt die eigentümliche Andersheit der Kunst mit ihrer Materialität zusammen, mit dem, was er „die Erde" nennt: „Die Erde ist das wesenhaft Sich-Verschließende."[57] Alles, was Kunst an bedeutungsvollen Darstellungen hervorbringt, ist auf nicht-bedeutungsvolle Elemente angewiesen, auf Fläche, Farbe, Erde, Holz und Stein, die widerständig, unbegreiflich und stumm bleiben gegenüber den Bedeutungen, die auf ihnen aufruhen. Die künstlerische Darstellung bringt nun, indem sie diese Differenz[58] in sich austrägt – die Differenz zwischen einem opaken Grund, der die Darstellung trägt, und einer bedeutungstragenden Schicht, die sich auf diesem Grund aufbaut, – die Stummheit des Materials, seine Fremdheit, die jede Bedeutung tendenziell bedroht, überhaupt erst hervor. Das ist etwa der Unterschied zu einem Gebrauchsgegenstand, der die Stummheit des Materials tendenziell zum Verschwinden bringt, um einen möglichst leichtgängigen Gebrauch zu ermöglichen. Die Differenz von sprechender Darstellung und stummem Grund der Darstellung, die für die

---

56 Wolfgang Streeck, Epilogue: comparative-historical analysis: past, present, future. In *Advances in Comparative-Historical Analysis*, ed. by James Mahoney and Kathleen Thelen, Strategies for Social Inquiry (Cambridge: University Press, 2015), 264–288, 272; https://wolfgangstreeck.files.wordpress.com/2015/12/streeck2015_comparative-historical-analysis-past-present-future.pdf; zuletzt abgerufen am 5. August 2021.
57 Martin Heidegger, *Der Ursprung des Kunstwerks* (Stuttgart: Reclam, [1960] 2010), 44.
58 Gottfried Boehm, der mit dem von ihm initiierten „iconic turn" dieser Spur Heideggers folgt, betont, dass jede künstlerische Darstellung auf einer „ikonischen Differenz" beruht (ders., Die Wiederkehr der Bilder. In Ders., Hg., *Was ist ein Bild?*, Bild und Text [München: Fink 2006], 11–38, 29), nämlich der Differenz zwischen einem opaken Grund, der die Darstellung trägt, und einer transparenten Oberfläche, der bedeutungstragenden Schicht, die sich aus diesem Grund aufbaut.

Kunst wesentlich ist, erklärt ihre „puzzling otherness": ein Moment der Verschlossenheit, das auch die am hellsten leuchtenden Werke der Kunst begleitet.

Eigenlogik der Religion
Auch auf Seiten der christlichen Religion stellt sich eine solche „puzzling otherness" ein, gewissermaßen auf der Gegenseite der Materialität, dem Geist. Dort, wo im Geist der Gemeinde die Fülle des Göttlichen aufleuchtet, tritt alles zurück – die Kunst, aber auch die dürftigen Elemente, Brot und Wein, die die Gegenwart Gottes vermitteln. Auch das sinnliche Restrisiko des Abendmahls, Brot und Wein, muss vernichtet, gegessen und getrunken werden, damit in der Feier des Abendmahls die Präsenz Christi zum Ereignis wird. Nach einer ausführlichen Diskussion der ikonoklastischen Tradition des Christentums kommt Michael Moxter deshalb zu dem Ergebnis, dass sich trotz der bildproduktiven Impulse in der Geschichte des Christentums im „Bild [...] ein Selbstverhältnis [konkretisiert], das in einem prinzipiellen Konflikt mit dem bleibt, was als Transzendenz in einem strengen Sinn zu verstehen wäre."[59] Deshalb ist die wahre Vergegenwärtigung Christi die „Sache der sakramentalen Feier, nicht aber der Bilder."[60]

Beides, Gemeinsamkeit und Differenz von Kunst und Kirche, ist belebend und lehrreich zugleich. Man kann schwer sagen, ob die Kirche mehr lernt von den spirituellen Vorgriffen der Kunst, wie etwa bei Sean Scully in San Girogio, oder von ihrer „puzzling otherness", wenn Arnulf Rainer, Gerhard Richter oder Benjamin Zuber die Eigenlogik der Kunst im gemeinsamen Feld der Selbsttranszendenz betonen.

3.3.3 Indifferenz

Die mitunter schmerzhafte Erfahrung der Differenz setzt ein wechselseitiges Interesse voraus. Aber dieses Interesse der Kunst an der christlichen Religion und umgekehrt ist nicht zwingend, nur weil beide ein gemeinsames Thema verbindet. Auch innerhalb einer Gattung können die verschiedenen Arten gleichgültig gegeneinander sein. Geschwister entwickeln auch kein Interesse

---

59 Friedhelm Hartenstein und Michael Moxter, *Hermeneutik des Bilderverbots. Exegetische und systematisch-theologische Annäherungen*, Forum Theologische Literaturzeitung 26 (Leipzig: Evangelische Verlagsanstalt, 2016), 282.
60 A.a.O., 283.

füreinander, nur weil sie eine gemeinsame DNA haben. Verwandtschaftsverhältnisse sind eben keine logischen Beziehungen.

Die Kunst ist deshalb keine notwendige Voraussetzung der Religion und die Religion keine zwingende Konsequenz aus der Kunst. Man kann religiös unmusikalisch sein und ästhetisch virtuos – und umgekehrt. Es gibt zwar viele gute Gründe, aber keinen, der mit Notwendigkeit entfaltet, dass Kunst und Kirche im 21. Jahrhundert ein Verhältnis miteinander eingehen müssen. Auch die anspruchsvolle These des Marburger Systematischen Theologen Malte Dominik Krüger, dass es die Sprache nicht ohne die Bilder geben kann, ist nur ein starkes Argument für das Bildvermögen, die Imagination. Innere Bilder sind unverzichtbar für die religiöse Kommunikation, aber nicht die Kunst.[61] Das gemeinsame Thema der Selbsttranszendenz lässt auch Indifferenz zwischen Kunst und christlicher Religion zu.

Das ist in der Geschichte der christlichen Kirchen nichts Neues. Bevor das Christentum mit Kaiser Konstantin im 4. Jahrhundert die Bühne der Weltpolitik betritt und zu einem der großen Akteure der Kunst- und Architekturgeschichte wird, kultiviert das Urchristentum als Untergrundkirche eine Ästhetik der Indifferenz gegenüber der Kunst, die auf eine radikale Vergeistigung des Logos in der religiösen Kommunikation und dem caritativen Handeln zielt. Diese Indifferenz des Urchristentums[62] gegenüber Architektur und Kunst begleitet die Epoche einer christlich geprägten Kunst- und Architekturgeschichte und ist bis heute das Markenzeichen kleiner und radikaler christlicher Gemeinschaften, der Hugenotten und Waldenser, der Herrnhuter Brüdergemeine und der Quäker.

---

61 Vgl. Malte Dominik Krüger, *Das andere Bild Christi. Spätmoderner Protestantismus als kritische Bildreligion*, Dogmatik in der Moderne 18 (Tübingen: Mohr Siebeck), 2017.
62 Vgl. Lukas Bormann, „ἡ κατ' οἶκον ἐκκλησία = ‚Hausgemeinde'? Raum und Ritual im frühesten Christentum". In *Kulträume. Studien zum Verhältnis von Kult und Raum in alten Kulturen*, hg. v. Hans-Ulrich Wiemer, Potsdamer Altertumswissenschaftliche Beiträge 60 (Stuttgart: Franz Steiner, 2017), 221–246.

4 Drei gute Gründe für die Kirche, sich mit der Kunst in der Moderne zu beschäftigen

Kunst hat wie Sprache „eo ipso als symbolische Form[...] Anteil an der religiösen Funktion" und umgekehrt hat Religion eo ipso Anteil an der Kunst, weil sie nur so, im „religiösen Gebrauch"[63] von Sprache und Kunst ihre spezifische Perspektive zur Geltung bringen kann. Diese asymmetrische Wechselseitigkeit, die Schleiermacher vertreten hat,[64] lässt sich angesichts der modernen Autonomie der Kunst nicht mehr plausibel machen. Kunst und Religion treten vielmehr als eigenständige, holistische Artikulationsformen der Selbsttranszendenz in Erscheinung – Transzendenz im Plural. Als ästhetische und als religiöse Weisen, ein wesentliches Bedürfnis nach Überschreitung des endlichen Daseins zum Ausdruck zu bringen, bilden sie ein multilineares Feld von Überlagerungen, von Kooperation, Distanz oder Indifferenz. Es ist daher nicht mehr zwingend – das wäre die Differenz zu Schleiermacher – sich als christliche Kirche auf die Kunst der Moderne einzulassen, aber es gibt viele gute Gründe, dies zu tun. Drei solche ‚guten' Gründe möchte ich zum Schluss nennen.

4.1 Tradition

Zum einen ein kulturelles Argument: Für eine Kirche von der kulturellen und politischen Bedeutung der Evangelischen Kirche von Berlin-Brandenburg-schlesische Oberlausitz (EKBO) ist ästhetische Indifferenz, der Untergrundmodus des Urchristentums, keine Option. Die Evangelische Kirche von Berlin-Brandenburg-schlesische Oberlausitz muss ein reiches kulturelles Erbe fortschreiben. Kirchen wie die Kreuzkirche in Schmargendorf von Ernst und Günther Paulus (1927), die Kaiser-Friedrich Gedächtnis Kirche im Hansaviertel (1957) von Ludwig Lemmer, die Kirche Schönow-Buschgraben in Zehlendorf (1961) von Frei Otto – um nur drei bedeutende Beispiele der Moderne zu nennen – sind keine Museen. Es sind Orte, die eine große Öffentlichkeit verdienen, Touristen wie Gottesdienstbesucher, die dort eine Weitung ihres Daseins erfahren

---

63 Vgl. Dietrich Korsch, *Die Religion in der Musik und die Musik in der Religion*, 32.
64 In Schleiermachers Akademierede (1831/32) wird die künstlerische Tätigkeit explizit als eine „menschliche That" und eine „selbstständig auftretende Kunst" bezeichnet (F.D.E. Schleiermacher, *Ästhetik [1819/25]. Über den Begriff der Kunst [1831/32]*, 159).

könnten, und zwar ästhetisch wie auch religiös. Kirchen sind hybride Räume der Transzendenz.[65] Als solche sind sie eine wichtige Schnittstelle, die die evangelische Kirche mit einer breiten Öffentlichkeit teilt. Diese Kirchen müssen jedoch als hybride Räume der Transzendenz weiterentwickelt werden, ästhetisch wie religiös, um als ein gegenwärtiger Ausdruck unserer spirituellen Bedürfnisse zu dienen. Das geht nicht ohne die Kunst unserer Zeit und eben auch nicht ohne kompetente Beratung der Gemeinden, die diese Gestaltungsaufgabe bewältigen müssen.

Abb. 11: Ludwig Lemmer, Innenraum der Kaiser-Friedrich-Gedächtniskirche, Berlin Tiergarten, Foto: Patrick Voigt

4.2 Kreativität

Mein zweiter Grund: Die besondere Chance im Verhältnis von Kunst und Kirche besteht in der Moderne darin, dass die moderne Kunst autonom ist. Sie folgt

---

65 Vgl. Thomas Erne, *Hybride Räume der Transzendenz: Wozu wir heute noch Kirchen brauchen. Studien zu einer postsäkularen Theorie des Kirchenbaus* (Leipzig: Evangelische Verlagsanstalt, 2017).

auch dann ihrer eigenen Logik – dem Moment der Distanz –, wenn der Bezug auf religiöse Themen zu ihrer Aufgabenstellung gehört, etwa bei Kirchenfenstern oder Prinzipalstücken. Beides ist bereichernd. Die Distanz, welche die Autonomie der Kunst mit sich bringt, zwingt die Kirche, sich Klarheit zu verschaffen über ihr Proprium, das Besondere der religiösen Art, das Dasein der Menschen zu weiten. Und die inhaltliche Arbeit der autonomen Kunst an religiösen Themen – Sean Scullys kosmologisches Experiment in San Giorgio oder Julian Plodecks traumversunkene Fenster in Walldorf – sind innovative Vorgriffe, von denen die Kirche in ihrer religiösen Praxis lernen kann und sollte.

Abb. 12: Julian Plodek, Neugestaltung der Fenster in der Kirchenburg Walldorf (Werra) in Zusammenarbeit mit den Derix-Glasstudios, 2017, Foto: Frank Bilda

4.3 Innovation

Schließlich: Das organisatorische Niveau der protestantischen Kirchen ist inzwischen beeindruckend, das Niveau spiritueller und inhaltlicher Innovationen dagegen nicht. Das hat, so vermute ich, viel mit einer einseitigen Betonung der Passivität zu tun, der Annahme des Glaubens als einem Geschenk, der Rezeption eines vorgegebenen verbum externum, einer unverfügbaren Wirklichkeit, die in Jesus Christus unüberbietbare Gestalt gewonnen hat. Die produktive und expressive Freiheit, die Fähigkeit des Menschen, etwas Neues anzufangen oder, wie Hannah Arendt sagt, die Fähigkeit, „,Wunder' zu vollbringen",[66] die ebenfalls in Jesus Christus unüberbietbar Gestalt gewonnen hat, tritt dagegen im Protestantismus in den Hintergrund.[67] Nicht jedoch bei Schleiermacher: Seine Kunst- und Religionstheorie orientiert sich an der alltäglichen Produktivität, dem „Triebe, auch die flüchtigste innere Lebensbewegung an etwas äußerem festzuhalten",[68] der in jedem Menschen vorhanden ist. Im Ausgang von Schleiermachers produktionsästhetischem Ansatz und im Austausch mit Künstlerinnen und Künstlern, die den Antrieb zur schöpferische Selbstmanifestation zu ihrem Beruf machen, besteht daher die Chance, dass der Protestantismus wieder seine schöpferischen Potentiale entdeckt – Potentiale, die er in der momentanen Lage dringend benötigt.

---

[66] Hannah Arendt, *Vita activa oder Vom tätigen Leben*. (München: Piper, [1981] 2010), 316.
[67] Vgl. Thomas Erne, *Neues beginnen? Die Kunst als Darstellungsform christlicher Praxis*, 2020. Vortrag gehalten auf dem Symposium der Internationalen Schleiermacher-Gesellschaft e.V. „Schleiermachers Ästhetik" am 4. Dezember 2020: https://schleiermacher-gesellschaft.theologie.uni-halle.de/files/schleiermachergesellschaft/downloads/Programm%20Schleiermacher_Symposium_2020_Onlineformat.pdf; zuletzt abgerufen am 5. August 2021.
[68] F.D.E. Schleiermacher, *Ästhetik (1819/25). Über den Begriff der Kunst (1831/32)*, 168.

Abbildungsverzeichnis

Abb. 1: Schlusschor aus dem *Elias* (Erstausgabe N. Simrock, Bonn [1847], S. 368), Archiv Mendelssohn-Haus Leipzig, S. 3.

Abb. 2: Karl Friedrich Schinkel, „Mittelalterliche Stadt am Fluss", 1815, 95 x 140 cm, Alte Nationalgalerie der staatlichen Museen zu Berlin – Preußischer Kulturbesitz, S. 5.

Abb. 3: Klaviertrio Nr. 2, c-Moll Op. 66/2. In Felix Mendelssohn-Bartholdy, S. 7.

Abb. 4: Cathy Wilkes, Britischer Pavillon der 58. Biennale, 2019, Venedig, Foto: Thomas Erne, S. 12.

Abb. 5: Laure Prouvost, *"Deep See Blue Surrounding You"* – Französischer Pavillon der 58. Biennale, 2019, Venedig, Foto: Yonka Werner, S. 13.

Abb. 6: Sean Scully, *"Opulent Ascension"*, Filz auf Holz, 10,4 x 3,6 m, 2019, San Giorgio Maggiore, Venedig, Foto: Thomas Erne, S. 17.

Abb. 7: Sean Scully, Innenansicht *"Opulent Ascension"*, Filz auf Holz, 10,4 x 3,6 m, 2019, San Giorgio Maggiore, Venedig, Foto: Thomas Erne, S. 18.

Abb. 8: Sean Scully, *"HUMAN"* – Eingang zur Installation, hinten: *"Opulent Ascension"*, Filz auf Holz, 10,4 x 3,6 m, 2019, San Giorgio Maggiore, Venedig, Foto: Thomas Erne, S. 19.

Abb. 9: Sean Scully, *"Illuminated Manuscript"*, Tusche, Bleistift und Aquarellfarbe auf Papier, eingebunden in Pergament (offen), ca. 60,3 x 83,8 cm, 2018-2019, Teil der Installation *"HUMAN"* (2019), San Giorgio Maggiore, Venedig, Foto: Thomas Erne, S. 20.

Abb. 10: Benjamin Zuber, Filmstill aus *"THERE AM I IN THE MIDST OF THEM"*, Video, 25 min, 2019, © VG Bild-Kunst, Bonn, 2021, S. 22.

Abb. 11: Ludwig Lemmer, Innenraum der Kaiser-Friedrich-Gedächtniskirche, Berlin Tiergarten, Foto: Patrick Voigt, S. 27.

Abb. 12: Julian Plodek, Neugestaltung der Fenster in der Kirchenburg Walldorf (Werra) in Zusammenarbeit mit den Derix-Glasstudios, 2017, Foto: Frank Bilda, S. 28.

Literaturverzeichnis

Arendt, Hannah. *Vita activa oder Vom tätigen Leben*. München: Piper, (1981) 2010.
Arndt, Andreas. *Die Reformation der Revolution. Friedrich Schleiermacher in seiner Zeit*. Berlin: Matthes & Seitz, 2019.
Boehm, Gottfried, „Die Wiederkehr der Bilder". In *Was ist ein Bild?*, Bild und Text, hg. v. dems., München: Fink, 2006, 11–38.
Bormann, Lukas. „ἡ κατ' οἶκον ἐκκλησία = ‚Hausgemeinde'? Raum und Ritual im frühesten Christentum". In *Kulträume. Studien zum Verhältnis von Kult und Raum in alten Kulturen*, hg. v. Hans-Ulrich Wiemer, 221–246. Potsdamer Altertumswissenschaftliche Beiträge 60. Stuttgart: Franz Steiner, 2017.
Busch, Werner. *Caspar David Friedrich – Ästhetik und Religion*, München: Beck, 2003.
Devrient, Eduard. *Meine Erinnerungen an Felix Mendelssohn-Bartholdy und Seine Briefe an mich*. Bd. 10, Dramatische und Dramaturgische Schriften von Eduard Devrient. Leipzig: Weber, 1869.
Erne, Thomas. *Hybride Räume der Transzendenz: Wozu wir heute noch Kirchen brauchen. Studien zu einer postsäkularen Theorie des Kirchenbaus*. Leipzig: Evangelische Verlagsanstalt, 2017.
Erne, Thomas. „200 Jahre Felix Mendelssohn Bartholdy – ein protestantischer Glücksfall?". *International Journal for Practical Theology* 14.1 (2011): 86–101.
Geck, Martin. *Felix Mendelssohn Bartholdy*. Rowohlts Monographien 709. Reinbek bei Hamburg: Rowohlt, 2009.
Hartenstein, Friedhelm und Michael Moxter. *Hermeneutik des Bilderverbots. Exegetische und systematisch-theologische Annäherungen*. Forum Theologische Literaturzeitung 26. Leipzig: Evangelische Verlagsanstalt, 2016.
Heidegger, Martin. *Der Ursprung des Kunstwerks*, Stuttgart: Reclam, (1960) 2010.
Hensel, Sebastian. *Die Familie Mendelssohn*, Bd. 1, Die Familie Mendelssohn 1729–1847. Nach Briefen und Tagebüchern von Sebastian Hensel, hg. v. Friedrich Brandes. Leipzig: Hesse & Becker, 1929.
Hindrichs, Gunnar. *Die Autonomie des Klangs. Eine Philosophie der Musik*. Suhrkamp Wissenschaft 2087. Berlin: Suhrkamp, 2014.
Hoeps, Reinhard, Hg. *Religion aus Malerei? Kunst der Gegenwart als theologische Aufgabe*. IKON. Bild+Theologie. Paderborn [u.a.]: Schöningh, 2005.
Joas, Hans. *Braucht der Mensch Religion? Über Erfahrungen der Selbsttranszendenz*. Herder Spektrum 5459. Freiburg: Herder, 2004.
Käfer, Anne. *„Die wahre Ausübung der Kunst ist religiös". Schleiermachers Ästhetik im Kontext der zeitgenössischen Entwürfe Kants, Schillers und Friedrich Schlegels*. Beiträge zur historischen Theologie 136. Tübingen: Mohr Siebeck, 2006.
Kelm, Holden. „Einleitung". In *F.D.E. Schleiermacher, Ästhetik (1833/33. Über den Begriff der Kunst (1831–33)*, hg. v. Holden Kelm, VIII–IX. Philosophische Bibliothek 696. Hamburg: Meiner, 2018.
Koch, Armin. *Choräle und Choralhaftes im Werk von Felix Mendelssohn-Bartholdy*. Abhandlungen zur Musikgeschichte 12. Göttingen: Vandenhoeck & Ruprecht, 2003.
Korsch, Dietrich. „Die Religion in der Musik und die Musik in der Religion". In *Religion. Geist. Musik. Theologisch-kulturwissenschaftliche Grenzübergänge*, hg. v. Hans Martin Dober

und Frank Thomas Brinkmann, 25–40. pop.religion: lebensstil – kultur – theologie. Wiesbaden: Springer VS, 2019.

Krüger, Malte Dominik. *Das andere Bild Christi. Spätmoderner Protestantismus als kritische Bildreligion*. Dogmatik in der Moderne 18. Tübingen: Mohr Siebeck, 2017.

Lehnerer, Thomas. *Die Kunsttheorie Friedrich Schleiermachers*. Deutscher Idealismus 13. Stuttgart: Klett-Cotta, 1987.

Mennekes, Friedhelm und Johannes Röhrig. *Crucifixus. Das Kreuz in der Kunst unserer Zeit*. Freiburg: Herder, 1994.

Rauchenberger, Johannes. Relikte, „(auf-)geladen. Zum christlichen Erbe christlicher Bildwelten heute". In *kunst und kirche* 02 (2015): 4–10.

Ritter, Joachim. Landschaft. „Zur Funktion des Ästhetischen in der Gesellschaft" (1962). In *Subjektivität*, hg. v. dems., 141–163. Bibliothek Suhrkamp 379. Frankfurt: Suhrkamp, 1974.

Schleiermacher, Friedrich Daniel Ernst. „Die Weihnachtsfeier 1806". In *Kleine Schriften und Predigten 1800-1820*, Bd. 1, Kleine Schriften und Predigten, hg. v. Hayo Gerdes, 223–274. Berlin: Walter de Gruyter, 1970.

Schleiermacher, Friedrich Daniel Ernst. *Ästhetik (1819/25). Über den Begriff der Kunst (1831/32)*, hg. v. Thomas Lehnerer. Philosophische Bibliothek 365. Hamburg: Meiner, 1984.

Schleiermacher, Friedrich Daniel Ernst. *Ästhetik (1832/33). Über den Begriff der Kunst (1831–33)*, hg. v. Holden Kelm. Philosophische Bibliothek 696. Hamburg: Meiner, 2018.

Schleiermacher, Friedrich Daniel Ernst. *Vorlesungen über die Ästhetik*, hg. von Holden Kelm. Kritische Gesamtausgabe F.D.E. Schleiermacher II/14. Berlin/Boston: De Gruyter, 2021.

Scholtz, Gunter. *Schleiermachers Musikphilosophie*. Göttingen: Vandenhoeck & Ruprecht, 1981.

Seel, Martin. „Transzendenzen der Kunst". In *Der religiöse Charme der Kunst*, hg. v. Thomas Erne und Peter Schüz, 34–51. Paderborn [u.a.]: Schöningh, 2012.

Stolzenberg, Jürgen. „Philosophie als ‚größte Musik' und Musik als höchste Philosophie? Zu Tragweite und Grenze einer Analogie". In *Religion. Geist. Musik. Theologisch-kulturwissenschaftliche Grenzübergänge*, hg. v. Hans Martin Dober und Frank Thomas Brinkmann, 41–58. pop.religion: lebensstil – kultur – theologie. Wiesbaden: Springer VS, 2019.

Streeck, Wolfgang. "Epilogue: comparative-historical analysis: past, present, future". In *Advances in Comparative-Historical Analysis*, ed. by James Mahoney and Kathleen Thelen, 264–288. Strategies for Social Inquiry. (Cambridge: University Press, 2015). https://wolfgangstreeck.files.wordpress.com/2015/12/streeck2015_comparative-historical-analysis-past-present-future.pdf; zuletzt abgerufen am 5. August 2021

Todd, R. Larry. *Mendelssohn. A Life in Music*. Oxford: Oxford University Press, 2003.

Ullrich, Wolfgang. *Siegerkunst. Neuer Adel, teure Lust*. Berlin: Klaus Wagenbach, 2016.

Wüster, Ulrich. *Felix Mendelssohn Bartholdys Choralkantaten – Gestalt und Idee. Versuch einer historisch-kritischen Interpretation*. Bonner Schriften zur Musikwissenschaft 1. Frankfurt am Main [u.a.]: Lang, 1996.

Internetquellen

Erne, Thomas. *Neues beginnen? Die Kunst als Darstellungsform christlicher Praxis*, 2020. Vortrag gehalten auf dem Symposium der Internationalen Schleiermacher-Gesellschaft e.V. „Schleiermachers Ästhetik" am 4. Dezember 2020: https://schleiermacher-gesellschaft.theologie.uni-halle.de/files/schleiermachergesellschaft/downloads/Programm%20Schleiermacher_Symposium_2020_Onlineformat.pdf (zuletzt abgerufen am 5. August 2021).
Liturgy Specific Art (LSA), http://liturgyspecific.art/ (zuletzt abgerufen am 5. August 2021).
Mendelssohn-Bartholdy, Felix. *Trios. Opus 49 und 66* (Leipzig: Peters, 1887), 67; https://imslp.org/wiki/File:PMLP41447-mendel_trio2kl.pdf (zuletzt abgerufen am 5. August 2021).
Mendelssohn-Bartholdy, Felix. *Elias, Op. 70* (Bonn: Simrock, o. J. [1847]), / https://www.mendelssohn-archiv.de/index.php/bibliothek/mwv-a/a-025 (zuletzt abgerufen am 5. August 2021).
Prouvost, Laure (Homepage), https://www.laureprouvost.com/ (zuletzt abgerufen am 5. August 2021).
Schleiermacher, Friedrich Daniel Ernst. *Tageskalender*. https://schleiermacher-digital.de/tageskalender/index.xql (zuletzt abgerufen am 20. August 2021).
Streeck, Wolfgang, https://wolfgangstreeck.files.wordpress.com/2015/12/streeck2015_comparative-historical-analysis-past-present-future.pdf; zuletzt abgerufen am 5. August 2021.
Zuber, Benjamin (Homepage), http://www.benjaminzuber.com/ (zuletzt abgerufen am 5. August 2021).
Zuber, Benjamin. *Gottesdienst* (2017), http://kirchbauinstitut.de/liturgy-specific-art-benjamin-zuber-2017 (zuletzt abgerufen am 5. August 2021).

www.ingramcontent.com/pod-product-compliance
Lightning Source LLC
Chambersburg PA
CBHW071823230426
43670CB00013B/2556